Diventare un Editor Esperto: Guida Completa all'Editing Professionale

PREMESSA

Questo manuale è una guida completa per chi desidera padroneggiare l'arte dell'editing. Dalla revisione strutturale alla grammatica, dalla gestione del feedback all'uso di scorciatoie pratiche, imparerai a trasformare una bozza in un testo raffinato e professionale. Con esercitazioni, quiz e risorse pratiche, questo libro ti accompagnerà nel tuo viaggio per diventare un editor esperto. Perfetto per scrittori, editor e chiunque voglia migliorare la propria capacità di revisione.

1. Introduzione: Il Ruolo dell'Editor

Il lavoro dell'editor è essenziale per trasformare una bozza in un testo pronto per il pubblico. Mentre lo scrittore è immerso nella creazione del mondo narrativo, l'editor deve avere la capacità di distaccarsi emotivamente dal testo e guardarlo con occhio critico. È un compito che richiede non solo competenze tecniche, ma anche una mentalità aperta e imparziale.

1.1 Cosa Significa Essere un Editor

Essere un editor non significa semplicemente correggere errori grammaticali o stilistici, ma entrare nel cuore del testo, valutando la struttura narrativa, la coerenza dei personaggi e l'efficacia del linguaggio. L'editor deve bilanciare tra ciò che rende un testo tecnicamente perfetto e ciò che lo rende emotivamente coinvolgente.

- **Compiti principali dell'editor**:
    - Analisi della trama e del ritmo narrativo.
    - Coerenza interna dei personaggi e delle loro azioni.
    - Revisione stilistica, eliminando ridondanze e affinando il linguaggio.
    - Correzione di errori grammaticali e di battitura.

L'editing non è solo una questione tecnica: è un atto di collaborazione creativa tra scrittore ed editor, che porta il testo a esprimere al meglio il messaggio che vuole trasmettere.

1.2 L'importanza dell'Imparzialità

Uno degli aspetti più difficili dell'editing è mantenere un atteggiamento imparziale. Spesso, gli scrittori faticano a rivedere il proprio lavoro perché sono troppo coinvolti emotivamente. L'editor, invece, deve essere capace di guardare il testo dall'esterno e valutarlo con obiettività.

- **Suggerimento pratico**: Quando lavori come editor del tuo testo o di quello di altri, cerca di adottare una mentalità da lettore. Chiediti: "Se non conoscessi l'autore, cosa penserei di questa scena? Mi coinvolge come lettore o risulta confusa?"

1.3 Il Viaggio dell'Editor

Diventare un buon editor richiede pratica, pazienza e uno sviluppo continuo delle proprie competenze. Iniziare da piccoli progetti, magari rivisitando i propri testi o quelli di amici, può essere un buon punto di partenza. Con il tempo, si impara a riconoscere gli errori ricorrenti e a sviluppare un occhio più critico.

- **Consiglio pratico**: Prima di passare alla revisione dettagliata, leggi il testo una volta senza fermarti a correggere. Questo ti darà una visione d'insieme e ti aiuterà a identificare i principali problemi di struttura e coerenza.

2. La Psicologia dell'Editing

L'editing non è solo una questione di tecnica, ma coinvolge anche aspetti profondamente psicologici. Il nostro modo di percepire e valutare un testo è influenzato dal nostro carattere, dalle emozioni e dalle esperienze personali. Imparare a riconoscere e gestire questi fattori è fondamentale per diventare un editor efficace.

2.1 Conoscere Te Stesso: Come il Carattere Influisce sulla Revisione

Il modo in cui affrontiamo l'editing è spesso il riflesso di chi siamo come persone. Alcuni tendono a essere ipercritici verso il proprio lavoro, mentre altri sono indulgenti, accecati dall'amore per ciò che hanno creato. Capire quale inclinazione personale ci caratterizza è il primo passo per migliorare come editor.

- **L'insicuro**: Gli scrittori che tendono all'insicurezza vedono spesso il proprio lavoro come imperfetto, cercando difetti anche dove non ci sono. Questo può portare a una revisione eccessiva, in cui il testo viene riscritto molte volte, perdendo freschezza e spontaneità.

- **L'egocentrico**: All'opposto, chi ha un'eccessiva fiducia in sé tende a vedere il proprio lavoro come quasi perfetto, mancando di oggettività. Questo atteggiamento può portare a saltare fasi importanti di revisione, lasciando errori e incongruenze nel testo.

Quiz: Qual è il Tuo Stile di Editing?

1. **Come ti senti quando rileggi il tuo testo?**
    - A) Penso che tutto sia perfetto così com'è.
    - B) Penso che tutto sia da rifare.
    - C) Riconosco alcune parti buone, ma noto anche molti difetti.
    - D) Non riesco a giudicare il mio lavoro, ho bisogno di qualcuno che lo faccia.

2. **Quanto tempo dedichi solitamente alla revisione di una singola pagina?**
    - A) Poco, mi sembra già buona.
    - B) Molto, continuo a cambiare tutto.
    - C) Una quantità moderata, correggendo solo dove necessario.
    - D) Dipende dalla mia ispirazione.

3. **Come reagisci quando ricevi feedback critico sul tuo lavoro?**

    o   A) Mi sento offeso o incompreso.

    o   B) Sono d'accordo e penso di dover riscrivere tutto.

    o   C) Accetto il feedback e lo considero attentamente.

    o   D) Mi confondo e non so come applicare i suggerimenti.

Risultati:

- **Prevalenza di A**: Sei incline all'egocentrismo editoriale. Potresti sottovalutare la necessità di revisioni importanti. Cerca di essere più critico e di accettare il feedback esterno come una risorsa preziosa.

- **Prevalenza di B**: Sei molto insicuro nel valutare il tuo lavoro. Cerca di sviluppare più fiducia nei tuoi punti di forza e non riscrivere continuamente il testo senza una buona ragione.

- **Prevalenza di C**: Hai un buon equilibrio tra autocritica e fiducia. Continua a sviluppare la tua capacità di accettare il feedback esterno e di fare revisioni mirate.

- **Prevalenza di D**: Fai fatica a giudicare il tuo lavoro. Considera di confrontarti di più con altri scrittori o editor per migliorare la tua capacità di valutazione.

2.2 Come Evitare gli Errori Psicologici Più Comuni

Per evitare di cadere nelle trappole mentali del perfezionismo o dell'egocentrismo, è fondamentale sviluppare consapevolezza del proprio processo di editing. Riconoscere quando stai diventando troppo critico o indulgente ti aiuterà a rimanere equilibrato e oggettivo.

- **Suggerimento pratico**: Quando ti accorgi di rivedere una scena o una frase più volte senza motivo, chiediti: "Sto davvero migliorando il testo o sto cercando di riscriverlo solo per insicurezza?". Fai lo stesso controllo quando hai l'impulso di lasciare tutto com'è senza rileggere.

2.3 Creare Distanza Emotiva dal Proprio Lavoro

Per valutare il proprio lavoro in modo oggettivo, è essenziale creare **distanza emotiva** dal testo. Questo significa trattare il proprio scritto come se fosse di qualcun altro, osservandolo con un occhio critico e distaccato.

- **Consiglio pratico**: Dopo aver terminato una bozza, prendi del tempo prima di iniziare l'editing. Lascia il testo "decantare" per qualche giorno o settimane, così da poterlo rivedere con maggiore oggettività. Quando torni a lavorarci, cerca di guardarlo come se fosse un libro che stai leggendo per la prima volta.

3. Strumenti e Tecniche di Editing

Per diventare un editor efficace, non è sufficiente riconoscere gli errori: è necessario sviluppare un metodo organizzato che permetta di affrontare ogni revisione in modo strutturato. Utilizzare gli strumenti giusti e le tecniche più adatte può semplificare il lavoro e aiutarti a migliorare il testo in modo efficiente.

3.1 Organizzare l'Editing in Fasi

Un errore comune nell'editing è cercare di risolvere tutti i problemi di un testo in una sola passata. L'editing efficace si divide in fasi successive, ognuna delle quali si concentra su aspetti diversi del testo. In questo modo, è possibile focalizzarsi su ogni dettaglio senza trascurare nulla.

- **Fase 1: Revisione Strutturale** Questa prima fase riguarda la struttura globale della storia. Verifica che la trama sia coerente, che ci siano connessioni logiche tra gli eventi e che i personaggi evolvano in modo credibile. Chiediti se ci sono buchi di trama, scene superflue o se il ritmo narrativo funziona.

- **Fase 2: Revisione Stilistica** In questa fase, concentrati sul linguaggio e sullo stile. Rivedi le descrizioni, i dialoghi e la coerenza interna del testo. Evita ripetizioni e ridondanze, e assicurati che ogni parola abbia un senso nel contesto.

- **Fase 3: Revisione Grammaticale** L'ultima fase riguarda la correzione di errori grammaticali, sintattici e di battitura. A questo punto, il testo dovrebbe essere strutturalmente e stilisticamente pronto, quindi è il momento di perfezionarlo a livello tecnico.

- **3.2 Tecniche per Individuare Errori Nascosti**

Alcuni errori possono sfuggire facilmente anche agli occhi più esperti. Ecco alcune tecniche che possono aiutarti a individuare problemi nascosti nel testo.

- **Riduci lo zoom del documento**: Ridurre lo zoom del testo su uno schermo ti permette di osservare la **struttura visiva** del documento. Se noti blocchi di testo troppo densi, potrebbe essere un segnale che devi spezzare i paragrafi per migliorare la leggibilità.

- **Leggi ad alta voce**: Leggere il testo ad alta voce può aiutarti a percepire il **ritmo** e la **fluidità** della scrittura. Se ti trovi a inciampare in alcune frasi o se ti sembrano troppo lunghe, è un segnale che potrebbero aver bisogno di essere modificate.

- **Leggi il testo al contrario**: Inizia dall'ultima frase e procedi a ritroso verso l'inizio del testo. Questo trucco ti permette di concentrarti su **errori di battitura e grammaticali** senza essere distratto dal significato complessivo della storia.

- **Modifica il font o il colore del testo**: Cambiare il font o il colore del testo può darti una nuova prospettiva e aiutarti a individuare errori che avevi precedentemente ignorato. A volte, un semplice cambiamento visivo è sufficiente per vedere il testo con occhi nuovi.

3.3 Uso di Strumenti Tecnologici

Esistono numerosi strumenti digitali che possono assisterti nell'editing, facilitando la revisione grammaticale o stilistica. Ecco alcuni tra i più utili:

- **Grammarly**: Uno dei correttori grammaticali più noti, Grammarly non si limita a correggere errori di battitura, ma offre anche suggerimenti per migliorare la chiarezza e la coerenza del testo.

- **ProWritingAid**: Simile a Grammarly, ProWritingAid offre analisi approfondite dello stile, suggerendo miglioramenti per rendere il testo più fluido ed efficace.

- **Scrivener**: Anche se principalmente utilizzato per l'organizzazione dei testi, Scrivener permette di tenere traccia di note e revisioni, aiutando a suddividere l'editing in fasi più gestibili.

3.4 Esercitazione Pratica

Applica le tecniche apprese finora eseguendo una prima revisione su un testo. Concentrati inizialmente sugli aspetti strutturali: verifica se la trama è coerente, se i personaggi si evolvono in modo logico e se il ritmo della narrazione funziona. Non preoccuparti ancora di dettagli stilistici o grammaticali: questa fase riguarda la struttura complessiva.

- **Esercizio**: Prendi un racconto breve o un capitolo di un tuo progetto e applica la **Fase 1** della revisione. Crea una lista dei problemi strutturali che noti e proponi soluzioni per risolverli. Tieni traccia delle modifiche e osserva come il testo cambia durante questa prima fase di editing.

4. Errori Comuni da Evitare

Durante l'editing, è facile cadere in errori ricorrenti, specialmente se si è troppo concentrati su alcuni aspetti del testo e si tralasciano altri. Sapere quali errori evitare e come individuarli può migliorare notevolmente la qualità del processo di revisione.

4.1 Errori Tipici nell'Editing Strutturale

La struttura di un testo è la sua ossatura. Senza una base solida, nemmeno la scrittura più stilisticamente raffinata riuscirà a catturare il lettore. Ecco alcuni degli errori più comuni nell'editing strutturale:

- **Buchi di trama**: Quando eventi o dettagli importanti vengono trascurati o non sono spiegati, si creano buchi nella trama che confondono il lettore. Controlla che ogni azione o sviluppo sia ben motivato e collegato logicamente al resto della storia.

- **Mancanza di coerenza tra i personaggi**: I personaggi devono agire coerentemente con il loro background e personalità. Se un personaggio prende decisioni che non sono in linea con il suo sviluppo, il lettore può percepire una disconnessione.

- **Problemi di ritmo**: Alcuni racconti possono essere troppo lenti o troppo veloci. Assicurati che ci sia un equilibrio tra azione e descrizione, tra momenti di tensione e rilascio emotivo.

4.2 Errori Stilistici e Linguistici

Oltre alla struttura, lo stile di scrittura può presentare errori che rendono la lettura difficile o meno coinvolgente. Ecco alcuni esempi da evitare:

- **Ripetizioni e ridondanze**: Parole, espressioni o concetti ripetuti più volte senza motivo rischiano di appesantire il testo. Cerca di eliminare frasi superflue e usa sinonimi quando necessario per evitare ripetizioni.

- **Dialoghi poco realistici**: I dialoghi devono sembrare naturali e appropriati per i personaggi. Evita dialoghi troppo formali o innaturali, a meno che non siano volutamente parte del carattere del personaggio.

- **Eccesso di descrizioni**: Le descrizioni dettagliate sono utili, ma un eccesso di dettagli rischia di annoiare il lettore. Mantieni le descrizioni concise e pertinenti alla scena.

4.3 Errori Visivi

A volte, l'editing non riguarda solo il contenuto, ma anche l'aspetto visivo del testo. Un testo ben strutturato visivamente è più facile da leggere e da comprendere.

- **Blocchi di testo troppo densi**: Se un paragrafo è troppo lungo, può risultare opprimente per il lettore. Spezza i paragrafi e crea spazi visivi tra un concetto e l'altro per rendere la lettura più scorrevole.

- **Frasi troppo lunghe**: Frasi interminabili possono confondere il lettore e rallentare il ritmo. Suddividi le frasi lunghe in parti più brevi per aumentare la chiarezza.

4.4 Esercitazione Pratica: Eliminare gli Errori Comuni

Adesso è il momento di mettere in pratica quanto appreso. Utilizza un testo esistente, tuo o di qualcun altro, e cerca di individuare gli errori comuni descritti sopra. Concentrati prima sulla struttura, poi passa allo stile e infine controlla gli aspetti visivi.

- **Esercizio**: Rileggi un racconto breve o un capitolo e annota dove ci sono buchi di trama, incoerenze nei personaggi o problemi di ritmo. Successivamente, correggi eventuali ripetizioni o ridondanze e spezza blocchi di testo troppo lunghi. Nota come il testo cambia e diventa più fluido attraverso le revisioni.

5. Lavorare con il Feedback Esterno

Ricevere e lavorare con il feedback è una delle parti più cruciali del processo di editing. Nessun autore è in grado di individuare ogni difetto o incongruenza nel proprio testo, motivo per cui il confronto con lettori beta, editor o colleghi scrittori è essenziale.

5.1 L'Importanza del Confronto

Quando scriviamo, siamo spesso troppo coinvolti emotivamente nel nostro lavoro per vederlo in modo oggettivo. Ecco perché il confronto con lettori esterni è fondamentale: altri possono notare dettagli che ci sono sfuggiti o offrire nuove prospettive su problemi che non avevamo considerato.

- **Suggerimento pratico**: Cerca di condividere il tuo lavoro con lettori che non siano direttamente coinvolti emotivamente nel tuo progetto. Persone che non hanno legami con te personalmente saranno più inclini a darti un'opinione onesta e utile.

5.2 Forum e Comunità di Scrittura

I forum e le comunità online di scrittura sono un'ottima risorsa per ottenere feedback e confrontarsi con altri scrittori. Queste piattaforme permettono di ricevere opinioni imparziali da persone con competenze diverse e di partecipare a discussioni che arricchiscono il proprio percorso editoriale.

- **Suggerimento pratico**: Partecipa attivamente a forum come **Scribophile**, **Wattpad** o gruppi di scrittura su **Reddit**. Non limitarti a ricevere feedback, ma offri il tuo aiuto agli altri scrittori. Questo ti aiuterà a sviluppare il tuo occhio critico e a migliorare le tue abilità di editing.

5.3 Come Reagire al Feedback

Non sempre è facile ricevere critiche sul proprio lavoro, soprattutto quando ci si è investiti emotivamente. Tuttavia, saper gestire il feedback è fondamentale per migliorare. Ecco alcuni suggerimenti su come accettare critiche costruttive:

- **Non prenderla sul personale**: Ricorda che le critiche riguardano il testo, non te come persona. Mantieni una mentalità aperta e concentrati su come il feedback può aiutarti a migliorare il tuo lavoro.

- **Ascolta attentamente**: Anche se non sei d'accordo con il feedback inizialmente, prenditi del tempo per rifletterci sopra. Potrebbe esserci un fondo di verità anche in un'opinione che non condividi.

- **Filtra le critiche non costruttive**: Non tutti i commenti saranno utili o pertinenti. Impara a distinguere tra il feedback costruttivo e quello che non aggiunge valore al tuo processo di revisione.

5.4 Esercitazione Pratica: Ottenere e Valutare Feedback

Per esercitarti nell'uso del feedback, scegli un testo che hai scritto e condividilo con una cerchia ristretta di lettori beta o un gruppo di scrittura online. Dopo aver raccolto i commenti, analizza attentamente ogni critica e chiediti come può migliorare il testo.

- **Esercizio**: Prendi nota delle critiche ricevute e cerca di classificarle in categorie (es. problemi di trama, caratterizzazione, stile). Decidi quali commenti applicare e come fare per integrare le modifiche in modo organico nel testo. Ricorda di non apportare modifiche frettolose, ma di riflettere su come il feedback si inserisce nella tua visione generale.

6. Quiz: Scopri la Tua Personalità di Editor

Ogni persona approccia l'editing in modo diverso, e il carattere gioca un ruolo fondamentale in questo. Alcuni tendono a essere troppo indulgenti, altri eccessivamente critici. Questo quiz ti aiuterà a capire quale inclinazione caratteriale potrebbe influire sul tuo processo di editing, e ti fornirà suggerimenti per migliorare.

Domande:

1. **Come ti senti quando rileggi il tuo testo?**

    - A) Penso che tutto sia perfetto così com'è.
    - B) Penso che tutto sia da rifare.
    - C) Riconosco alcune parti buone, ma noto anche molti difetti.
    - D) Non riesco a giudicare il mio lavoro, ho bisogno di qualcuno che lo faccia.

2. **Quanto tempo dedichi solitamente alla revisione di una singola pagina?**

    o   A) Poco, mi sembra già buona.

    o   B) Molto, continuo a cambiare tutto.

    o   C) Una quantità moderata, correggendo solo dove necessario.

    o   D) Dipende dalla mia ispirazione.

3. **Come reagisci quando ricevi feedback critico sul tuo lavoro?**

    o   A) Mi sento offeso o incompreso.

    o   B) Sono d'accordo e penso di dover riscrivere tutto.

    o   C) Accetto il feedback e lo considero attentamente.

    o   D) Mi confondo e non so come applicare i suggerimenti.

4. **Come ti senti durante il processo di editing?**

    o   A) Mi piace e mi sembra che il testo non abbia bisogno di grandi modifiche.

    o   B) Faccio fatica e continuo a riscrivere, senza essere soddisfatto.

    o   C) Lo trovo utile e stimolante, anche se a volte è faticoso.

- D) Mi sento bloccato e incerto su come migliorare il testo.

5. **Cosa pensi del tuo approccio all'editing rispetto agli altri?**
    - A) Penso di essere abbastanza bravo, non mi servono molte correzioni.
    - B) Penso di essere troppo insicuro e cambierei tutto.
    - C) Credo di avere un buon equilibrio tra autocritica e fiducia.
    - D) Penso di avere bisogno di più supporto e confronto con altri.

Risultati:

- **Prevalenza di A**: Sei incline all'egocentrismo editoriale. Potresti sottovalutare la necessità di revisioni importanti. Cerca di essere più critico e di accettare il feedback esterno come una risorsa preziosa. Un buon esercizio è rileggere il testo dopo averlo lasciato riposare per un po' di tempo: questo ti aiuterà a notare difetti che inizialmente ti erano sfuggiti.

- **Prevalenza di B**: Sei molto insicuro nel valutare il tuo lavoro. Cerca di sviluppare più fiducia nei tuoi punti di forza e di non riscrivere continuamente il testo senza una buona ragione. Lavora per bilanciare la tua autocritica con la consapevolezza che il testo non deve essere perfetto fin dall'inizio.

- **Prevalenza di C**: Hai un buon equilibrio tra autocritica e fiducia. Continua a sviluppare la tua capacità di accettare il feedback esterno e di fare revisioni mirate. Sei sulla buona strada per diventare un editor efficace e imparziale.

- **Prevalenza di D**: Fai fatica a giudicare il tuo lavoro. Considera di confrontarti di più con altri scrittori o editor per migliorare la tua capacità di valutazione. Partecipa a gruppi di scrittura o utilizza strumenti di editing collaborativo per acquisire maggiore sicurezza.

7. Approfondire la Tua Esperienza di Editing

L'editing è un'abilità che si affina con la pratica e il tempo. Per diventare editor più efficaci, è fondamentale sviluppare un sistema che ti permetta di misurare i tuoi progressi e migliorare continuamente. Questo capitolo ti guiderà su come valutare i tuoi miglioramenti e come continuare a crescere come editor.

7.1 Testare e Misurare i Progressi

Tenere traccia dei tuoi progressi è un ottimo modo per migliorare. Ogni volta che esegui una revisione, chiediti cosa hai imparato rispetto alla volta precedente e cosa potresti fare diversamente.

- **Confronto tra versioni**: Una tecnica utile è quella di confrontare le diverse versioni di un testo che hai revisionato. Questo ti aiuta a vedere quali cambiamenti hai apportato e a valutare se hanno migliorato il testo.

- **Domande da porti**:
    - Il testo è diventato più chiaro e fluido?
    - Sono riuscito a risolvere i problemi di coerenza narrativa?
    - I personaggi appaiono più credibili e le loro azioni più motivate?

- Ho ridotto le ripetizioni o i blocchi di testo eccessivamente lunghi?

Confrontando il testo originale con la versione finale, potrai identificare le aree in cui sei migliorato e quelle in cui puoi ancora fare progressi.

7.2 Esercitazioni in Comunità

Partecipare a esercitazioni di editing collettive è un modo eccellente per migliorare le tue abilità. Le community di scrittura online offrono spesso workshop o esercitazioni in cui puoi collaborare con altri editor o scrittori per revisionare testi. Questo ti permette di vedere il lavoro di altri, ricevere feedback e ampliare la tua prospettiva editoriale.

- **Suggerimento pratico**: Cerca esercitazioni collaborative in gruppi di scrittura su forum o piattaforme come **Scribophile**, **NaNoWriMo**, o **Reddit**. Confrontare il tuo processo di editing con quello di altre persone ti aiuterà a sviluppare nuove tecniche e a riconoscere aspetti del testo che prima potevi aver ignorato.

7.3 Come Riconoscere Quando un Testo è Pronto

Uno degli aspetti più difficili dell'editing è sapere quando fermarsi. Continuare a modificare all'infinito può diventare controproducente, ma come capire quando il testo è davvero pronto per essere pubblicato?

- **Indicatori che il testo è pronto**:
    - La trama è solida e coerente, senza buchi logici.
    - I personaggi agiscono in modo coerente con il loro arco narrativo e con le loro motivazioni.
    - Il ritmo della storia è fluido e mantiene l'attenzione del lettore.
    - Gli errori grammaticali e stilistici sono stati corretti, e il testo è leggibile e scorrevole.
- **Suggerimento pratico**: Quando senti di essere arrivato a un buon punto, metti da parte il testo per una settimana o più. Rileggilo dopo questo periodo di distanza. Se non senti più l'impulso di apportare modifiche sostanziali, è probabile che il testo sia pronto.

Esercitazione Pratica: Misurare i Progressi

Scegli un testo che hai revisionato in passato e rivedilo di nuovo usando le tecniche che hai imparato in questo manuale. Confronta la tua prima revisione con l'ultima e nota le differenze. Chiediti:

- In quali aspetti sei migliorato?
- Ci sono ancora errori che ti erano sfuggiti?
- Come valuti il tuo progresso da quando hai iniziato l'editing?

8. Scorciatoie e Suggerimenti Pratici

L'editing può essere un processo lungo e complesso, ma ci sono alcune scorciatoie che possono aiutarti a identificare e correggere gli errori in modo più efficiente. Queste tecniche non sostituiscono una revisione approfondita, ma possono aiutarti a velocizzare determinate fasi senza compromettere la qualità del lavoro.

8.1 Ridurre lo Zoom per Osservare l'Aspetto Visivo del Testo

Una delle tecniche più semplici ma efficaci per individuare blocchi di testo troppo densi o difficili da leggere è quella di **ridurre lo zoom del documento**. Questa pratica ti consente di osservare l'intero testo in termini di impatto visivo, notando immediatamente le aree che potrebbero richiedere una maggiore suddivisione in paragrafi.

- **Suggerimento pratico**: Riduci lo zoom al 50-70% e guarda come si distribuiscono i blocchi di testo sulla pagina. Se noti sezioni molto lunghe senza interruzioni, considera di dividere i paragrafi o inserire spazi per migliorare la leggibilità.

8.2 Leggere il Testo al Contrario

Leggere un testo al contrario, iniziando dall'ultima frase e risalendo fino all'inizio, è un metodo utile per concentrarsi su errori grammaticali e di battitura. Questo approccio ti obbliga a valutare ogni frase per la sua correttezza grammaticale, piuttosto che per il significato generale.

- **Suggerimento pratico**: Usa questa tecnica per una revisione finale, quando hai già controllato la struttura e lo stile del testo. Concentra l'attenzione su punteggiatura, ortografia e sintassi, poiché leggere al contrario ti aiuterà a isolare questi aspetti senza essere distratto dalla trama.

8.3 Stampare il Testo e Rileggerlo su Carta

Anche se siamo abituati a lavorare su schermo, rileggere il testo stampato su carta offre una nuova prospettiva e può aiutarti a individuare errori che altrimenti ti sfuggirebbero. Il cambiamento di formato modifica il modo in cui percepiamo il testo, permettendoci di notare incongruenze stilistiche e visive.

- **Suggerimento pratico**: Dopo aver stampato il testo, rileggilo con una penna a portata di mano per annotare correzioni e suggerimenti. Puoi anche sottolineare o cerchiare le parti che sembrano meno fluide per rivederle in seguito.

8.4 Uso di Colori per Organizzare l'Editing

Un metodo visivo molto efficace per tenere traccia delle revisioni è l'uso di **evidenziatori colorati** o strumenti di annotazione digitale. Ogni colore può rappresentare un tipo diverso di revisione (strutturale, stilistica, grammaticale), aiutandoti a organizzare meglio il processo.

- **Suggerimento pratico**: Assegna un colore a ciascun tipo di errore:
    - **Giallo** per problemi strutturali (es. buchi di trama, scene superflue).
    - **Rosa** per revisioni stilistiche (es. frasi ripetitive, descrizioni prolisse).
    - **Verde** per correzioni grammaticali e ortografiche.
    - **Blu** per dialoghi che necessitano di miglioramenti.

Questa tecnica ti aiuterà a visualizzare rapidamente le aree che necessitano di interventi specifici.

8.5 Uso di Software di Sintesi Vocale

Un'altra scorciatoia utile è quella di usare software di **sintesi vocale** per farti leggere il testo ad alta voce. Ascoltare il proprio lavoro con una voce esterna ti permette di individuare errori di ritmo, frasi innaturali o dialoghi che non suonano realistici.

- **Suggerimento pratico**: Utilizza strumenti come **NaturalReader** o la funzione di lettura automatica integrata in molti word processor. Ascolta il testo e prendi nota delle frasi che suonano fuori posto, delle ripetizioni o di eventuali incoerenze.

8.6 Esercitazione Finale: Applicare le Scorciatoie di Editing

Ora è il momento di mettere in pratica le tecniche che hai appreso. Prendi un testo che hai già revisionato e applica una o più delle scorciatoie sopra descritte. Osserva come ciascuna tecnica ti aiuta a individuare nuovi errori o a migliorare il testo in modi che non avevi considerato prima.

- **Esercizio**: Prova a ridurre lo zoom per valutare la leggibilità del testo, poi rileggilo al contrario per individuare errori grammaticali. Infine, ascolta il testo tramite una sintesi vocale per notare eventuali problemi di fluidità. Valuta i miglioramenti e rifletti su quale tecnica ti ha aiutato di più.

9. Conclusione: Diventare un Editor Esperto

L'editing è un'arte che richiede pratica, pazienza e dedizione. Attraverso questo manuale, hai esplorato vari aspetti del processo editoriale: dalla revisione strutturale alla stilistica, dalla gestione del feedback all'uso di scorciatoie pratiche per rendere il lavoro più efficiente. Ogni fase del processo di editing è essenziale per trasformare un testo da una semplice bozza a un prodotto raffinato e professionale.

9.1 I Punti Chiave dell'Editing

Ecco un riassunto delle competenze che hai acquisito:

- **Struttura e Coerenza**: La revisione strutturale ti aiuta a garantire che la trama sia solida, che i personaggi siano coerenti e che il ritmo narrativo sia ben bilanciato.

- **Stile e Grammatica**: L'editing stilistico e grammaticale affina il linguaggio, rendendo il testo fluido e corretto.

- **Feedback e Revisione Collaborativa**: Imparare a ricevere e valutare il feedback è cruciale per migliorare continuamente il proprio lavoro.

- **Strumenti e Scorciatoie**: Utilizzare strumenti e tecniche per ottimizzare il tempo e individuare errori nascosti rende l'intero processo più gestibile.

9.2 L'Importanza dell'Imparzialità

Uno dei temi centrali di questo manuale è stata l'importanza di mantenere un occhio critico e imparziale durante l'editing. Separare il tuo ego dal testo è una delle sfide più grandi, ma anche una delle competenze più preziose che puoi sviluppare come editor. Ricorda che l'obiettivo è creare il miglior testo possibile, non proteggere il proprio orgoglio.

9.3 Continuare a Migliorare

Come ogni altra abilità, l'editing richiede tempo per essere perfezionato. Non scoraggiarti se all'inizio trovi difficile individuare tutti gli errori o applicare tutte le tecniche. Ogni testo che editi è un'opportunità per imparare qualcosa di nuovo e migliorare il tuo occhio critico. Partecipa a workshop, confrontati con altri scrittori e continua a praticare.

9.4 Il Percorso per Diventare un Editor Professionista

Se il tuo obiettivo è diventare un editor professionista, ricorda che ogni passo che fai in questa direzione ti avvicina a quel traguardo. Pratica, confronto, e l'uso di strumenti adeguati sono le chiavi per continuare a crescere. Impara a valutare testi diversi, da generi e autori differenti, per sviluppare una vasta gamma di competenze editoriali.

Grazie a questo manuale, hai acquisito le basi per approcciare l'editing in modo professionale e strutturato. Che tu stia lavorando sui tuoi testi o su quelli di altri, continua a sviluppare le tue capacità e a esplorare nuove tecniche. L'editing non è solo un mestiere: è una forma d'arte che richiede precisione, creatività e dedizione. Buona fortuna nel tuo viaggio come editor!

10. Risorse Utili per Editor in Erba

Per continuare a sviluppare le tue competenze editoriali, è fondamentale avere accesso a risorse di qualità che ti aiutino ad approfondire la tua conoscenza del processo di editing e a rimanere aggiornato sulle ultime tecniche e strumenti. Ecco alcune risorse che possono esserti utili nel tuo percorso.

10.1 Libri Consigliati

- **On Writing Well** di William Zinsser: Un classico sull'arte della scrittura e della revisione, questo libro offre consigli pratici e ispirazione per migliorare la chiarezza e la precisione della scrittura.

- **Self-Editing for Fiction Writers** di Renni Browne e Dave King: Uno strumento essenziale per gli scrittori e editor che vogliono imparare come editare la narrativa in modo professionale.

- **The Elements of Style** di William Strunk Jr. e E.B. White: Un piccolo volume che copre le regole di base della grammatica e dello stile, utile per chiunque desideri migliorare le proprie capacità editoriali.

- **Writing Tools: 50 Essential Strategies for Every Writer** di Roy Peter Clark: Un manuale che offre 50 strumenti pratici per migliorare la scrittura e l'editing.

10.2 Strumenti Software

- **Grammarly**: Un correttore grammaticale e stilistico che fornisce suggerimenti in tempo reale per migliorare la qualità del testo. Utile sia per la scrittura che per l'editing.

- **ProWritingAid**: Simile a Grammarly, ProWritingAid offre una suite di strumenti per l'analisi grammaticale e stilistica, con particolare attenzione alla coerenza e alla leggibilità del testo.

- **Scrivener**: Un software di scrittura e organizzazione che permette di suddividere i testi in sezioni gestibili, facilitando l'editing e la revisione.

- **Hemingway Editor**: Un'applicazione che aiuta a semplificare il linguaggio e migliorare la leggibilità, suggerendo frasi più brevi e riducendo la complessità delle parole.

10.3 Corsi Online

- **MasterClass: Writing and Editing Courses**: Piattaforma che offre corsi tenuti da autori ed editor di fama mondiale come Neil Gaiman, Margaret Atwood e Dan Brown.

- **Coursera - Editing and Publishing Courses**: Una vasta selezione di corsi su scrittura, editing e pubblicazione, provenienti da università e istituzioni accademiche di tutto il mondo.

- **Udemy - Editing for Fiction and Nonfiction Writers**: Corsi pratici per imparare tecniche avanzate di editing per diversi generi letterari.

10.4 Piattaforme e Comunità di Scrittura

- **Scribophile**: Una community online dedicata a scrittori e editor dove puoi condividere il tuo lavoro e ricevere feedback da altri autori ed editor.

- **NaNoWriMo**: Oltre a essere una sfida di scrittura, NaNoWriMo offre risorse per migliorare le tue capacità di scrittura e editing, inclusi workshop e forum di discussione.

- **Reddit - Writing and Editing Subreddits**: Forum attivi dedicati a discutere tecniche di scrittura ed editing, dove puoi ottenere consigli e suggerimenti da una vasta comunità di autori.

10.5 Programmi di Formazione Continua

- **Editorial Freelancers Association (EFA)**: Offrono corsi online su vari aspetti dell'editing, rivolti sia a professionisti che a principianti. Un'ottima risorsa per chi vuole approfondire le proprie competenze tecniche.

- **Writers' Digest University**: Una piattaforma con corsi specifici per editor e scrittori, coprendo argomenti che vanno dall'editing strutturale alla revisione stilistica.

- **Poynter Institute**: Offre corsi di scrittura e editing per giornalisti e professionisti, con particolare attenzione alla chiarezza e alla precisione del linguaggio.

·

INDICE

1. Introduzione: Il Ruolo dell'Editor_____Pag. 4

1.1 Cosa Significa Essere un Editor

1.2 L'importanza dell'Imparzialità

1.3 Il Viaggio dell'Editor

2. La Psicologia dell'Editing_____Pag. 7

2.1 Conoscere Te Stesso: Come il Carattere Influisce sulla Revisione

Quiz: Qual è il Tuo Stile di Editing?

2.2 Come Evitare gli Errori Psicologici Più Comuni

2.3 Creare Distanza Emotiva dal Proprio Lavoro

3. Strumenti e Tecniche di Editing_____Pag. 12

3.1 Organizzare l'Editing in Fasi

3.2 Tecniche per Individuare Errori Nascosti

3.3 Uso di Strumenti Tecnologici

3.4 Esercitazione Pratica

4. Errori Comuni da Evitare_____Pag. 16

4.1 Errori Tipici nell'Editing Strutturale

4.2 Errori Stilistici e Linguistici

4.3 Errori Visivi

4.4 Esercitazione Pratica: Eliminare gli Errori Comuni

5. Lavorare con il Feedback Esterno _____ Pag. 19

5.1 L'Importanza del Confronto

5.2 Forum e Comunità di Scrittura

5.3 Come Reagire al Feedback

5.4 Esercitazione Pratica: Ottenere e Valutare Feedback

6. Quiz: Scopri la Tua Personalità di Editor _____ Pag. 22

7. Approfondire la Tua Esperienza di Editing _____ Pag. 26

7.1 Testare e Misurare i Progressi

7.2 Esercitazioni in Comunità

7.3 Come Riconoscere Quando un Testo è Pronto

7.4 Esercitazione Pratica: Misurare i Progressi

8. Scorciatoie e Suggerimenti Pratici_____Pag. 29

8.1 Ridurre lo Zoom per Osservare l'Aspetto Visivo del Testo

8.2 Leggere il Testo al Contrario

8.3 Stampare il Testo e Rileggerlo su Carta

8.4 Uso di Colori per Organizzare l'Editing

8.5 Uso di Software di Sintesi Vocale

8.6 Esercitazione Finale: Applicare le Scorciatoie di Editing

9. Conclusione: Diventare un Editor Esperto_____Pag. 33

9.1 I Punti Chiave dell'Editing

9.2 L'Importanza dell'Imparzialità

9.3 Continuare a Migliorare

9.4 Il Percorso per Diventare un Editor Professionista

10. Risorse Utili per Editor in Erba_____Pag. 36

10.1 Libri Consigliati

10.2 Strumenti Software

10.3 Corsi Online

10.4 Piattaforme e Comunità di Scrittura

10.5 Programmi di Formazione Continua

www.ingramcontent.com/pod-product-compliance
Lightning Source LLC
Chambersburg PA
CBHW030058230526
45471CB00003B/1149